Alice Rye-Florentz
3LR

L'heure des histoires

L'heure des his

C'est le moment où, tandis que l'un regarde les images et l'autre lit le texte, une relation s'enrichit, une personnalité se construit, naturellement, durablement.

Pourquoi ? Parce que la lecture partagée est une expérience irremplaçable, un vrai point de rencontre. Parce qu'elle développe chez nos enfants la capacité à être attentif, à écouter, à regarder, à s'exprimer. Elle élargit leur horizon et accroît leur chance de devenir de bons lecteurs.

Quand ? Tous les jours, le soir, avant de s'endormir, mais aussi à l'heure de la sieste, pendant les voyages, trajets, attentes... La lecture partagée permet de retrouver calme et bonne humeur.

Où ? Là où l'on se sent bien, confortablement installé, écrans éteints... Dans un espace affectif de confiance et en s'assurant, bien sûr, que l'enfant voit parfaitement les illustrations.

Comment ? Avec enthousiasme, sans réticence à lire « encore une fois » un livre favori, en suscitant l'attention de l'enfant par le respect du rythme, des temps forts, de l'intonation.

Traduction d'Anne de Bouchony

ISBN : 978-2-07-510820-1
Titre original : *I Want to be a Cowgirl*
Publié pour la première fois par Andersen Press Ltd., Londres

Numéro d'édition : 336823
Loi no 49-956 sur les publications destinées à la jeunesse
Dépôt légal : septembre 2018
Imprimé en France par Estimprim
Maquette intérieure : Karine Benoit

Jeanne Willis - Tony Ross

Je veux être une cow-girl

GALLIMARD JEUNESSE

Je ne veux pas être une petite fille
bien sage…

Les petites filles sages ne s’amusent pas.

Je n'aime pas jouer tranquillement
à la maison, je préfère la pluie et le soleil.

Je ne veux pas être une petite fille parfaite
qui reste assise à bavarder…

Je rêve juste d'être une cow-girl, papa…
Et pourquoi pas ?

Je ne veux pas être une bonne élève,
le nez toujours dans les livres.

Pas question de passer mon temps
à faire la cuisine et la lessive.

Je veux m'échapper sur mon cheval sauvage
et faire tournoyer mon lasso,

je veux tout faire comme une cow-girl,
c'est tellement rigolo.

Je vais m'en aller à travers la plaine
et dormir sous le ciel étoilé…

C’est sûr, je deviendrai une cow-girl,
et sans tarder !

Je conduirai mon troupeau de vaches,
j’entendrai l’aigle crier,

je regarderai jouer les louveteaux
et la rivière couler.

Le paysage est bien différent depuis
notre appartement du vingtième étage.

Je rêve juste d'être une cow-girl, papa…
Et pourquoi pas ?

Le soleil se couche sur la décharge
où vit un vieux chien abandonné.

Si je ferme les yeux très fort,
il devient ma jument préférée.

Je mets mes éperons, mes bottes
et mon grand chapeau de cow-girl…

Ça y est, je m'en vais au Far West.
Et pourquoi pas ?

Cette ville est trop petite pour moi,
je sais ce qu'il me reste à faire.

Je pars pour devenir une cow-girl, papa…

Viens, et sois un cow-boy avec moi !

L'heure des histoires

Des petits albums
à partager,
de grands moments
à lire ensemble

n° 1 *Le vilain gredin*
par Jeanne Willis
et Tony Ross

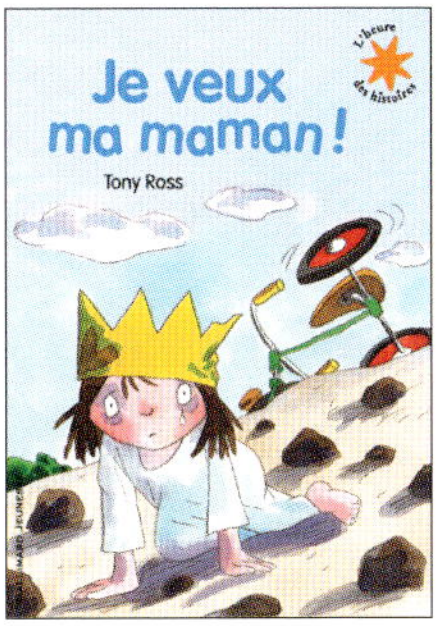

n° 5 *Je veux ma maman !*
par Tony Ross

n° 11 *Quel vilain rhino !*
par Jeanne Willis
et Tony Ross

n° 15 *Je veux mon p'tipot*
par Tony Ross

n° 18 *L'énorme crocodile*
par Roald Dahl
et Quentin Blake

n° 19 *La belle lisse poire du prince de Motordu*
par Pef

n° 21 *La promesse*
par Jeanne Willis
et Tony Ross

n° 22 *Gruffalo*
par Julia Donaldson
et Axel Scheffler

Plus de 140 titres à découvrir dans la collection

n° 37 *Je ne veux pas changer de maison!* par Tony Ross

n° 42 *Je veux un ami!* par Tony Ross

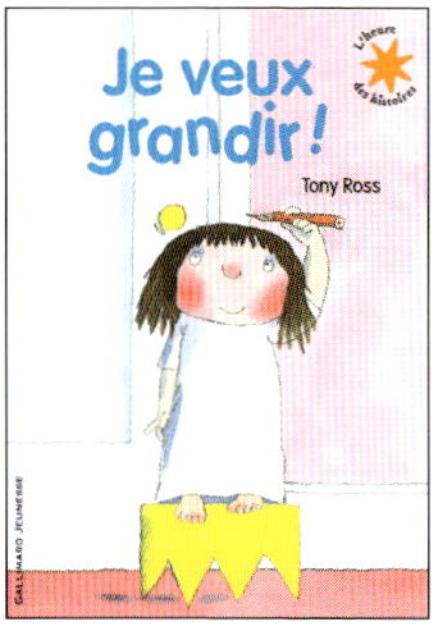

n° 60 *Je veux grandir!* par Tony Ross

n° 63 *Je veux DEUX anniversaires!* par Tony Ross

n° 96 *Ce n'est pas moi!* par Tony Ross

n° 132 *Attends que je t'attrape!* par Tony Ross

n° 135 *N'aie pas peur!* par Jeanne Willis et Tony Ross

n° 136 *Le rat scélérat* par Julia Donaldson et Axel Scheffler

Vous aimerez aussi,
en album grand format :

Le trésor de l'heure des histoires

Une sélection
des meilleurs classiques
et histoires
d'aujourd'hui

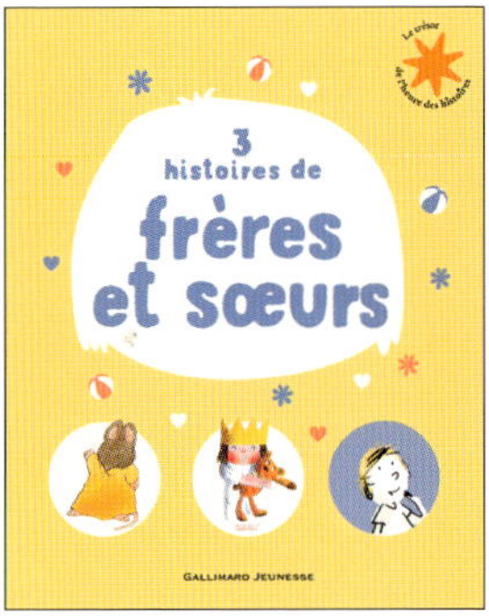

Découvrez tous nos trésors sur le site **www.gallimard-jeunesse.fr**